HÔPITAL
MALADE

LA COMTESSE MALADE,

COMEDIE.

de Raimond Poisson

Representée sur le Theatre de l'Hostel de Bourgogne.

A PARIS,

Chez PIERRE PROMÉ, sur le Quay des Grands Augustins, à la Charité.

M. DC. LXXIII.

AVEC PRIVILEGE DV ROY.

Extrait du Privilege du Roy.

PAr Grace & Privilege du Roy, donné à Paris le 12. Decembre 1672. Signé, Par le Roy en son Conseil, DALENCE'. Il est permis à P. PROME', Marchand Libraire à Paris, de faire imprimer, vendre & debiter une Piece de Theatre, intitulée *La Comtesse Malade*; & ce pendant le temps & espace de cinq ans, à compter du jour que lad. Piece sera achevée d'imprimer pour la premiere fois: Et defenses sont faites à toutes Personnes de quelque qualité & condition, qu'ils soient, d'imprimer, ou faire imprimer lad. Piece, sans le consentement de l'Exposant, ou de ceux qui auront droict de luy, à peine de trois mil livres d'amende, & de tous despens, dommages & interests, ainsi que plus au long il est porté audit Privilege.

Regïstré sur le Livre de la Communauté, le 16. Decembre 1672.

Signé, D. THIERRY, Syndic.

Achevé d'imprimer pour la premiere fois, le 17. Decembre 1672.

ACTEURS.

LA HOLANDE.

BELINE, ſa Suivante.

MARILLE, Servante de la Holande.

GOULEMER, Matelot.

FRELINGUE, Holandoiſe.

BADZIN, Holandois.

LA FLAMANDE.

L'HOSTE.

I. BOURGUEMESTRE.

II. BOURGUEMESTRE.

MEDECIN FRANCOIS.

MEDECIN ESPAGNOL.

MEDECIN ANGLOIS.

MEDECIN ALLEMAND.

PACOLE, Servante.

La Scene eſt à Amſterdam.

LA COMTESSE MALADE,

COMEDIE.

SCENE PREMIERE.

GOULEMER, FRELINGUE, BADZIN, MARILLE.

Il paroiſt un Cabaret à Biere, où Goulemer
& Frelingue ſont à une Table, & Marille
& Badzin à l'autre, beuvant & fumant.

GOULEMER.

Euvons ce Pot. A vous?

FRELINCUE.

C'eſt ce que je demande.

GOULEMER.

Comment va la ſanté de Madame Holande?

A

FRELINGUE.

Chacun dit que son mal prend un fort mauvais cours.

GOULEMER.

Comment?

FRELINGUE.

C'est qu'on la voit empirer tous les jours.

GOULEMER.

Elle a le mal de Mer, & la Fievre la serre.

FRELINGUE.

Elle a le mal de Mer, elle a le mal de Terre,
Elle a.... Que sçay-je enfin? Elle n'est pas trop bien;
Cent drogues qu'on luy fait, ne luy servent de rien.
Si l'on la peut sauver, la cure sera belle.
Taisons-nous; Ces Gens-là sont je croy de chez elle.

MARILLE.

Chacun la tient fort mal.

BADZIN.

Oüy, je la viens de voir.

MARILLE.

Elle doit prendre encor un Lavement ce soir;
On la fera mourir.

BADZIN.

Je penſe qu'on y tâche.
Pourquoy ce Lavement? On dit qu'elle eſt ſi lâche,
Qu'elle laiſſe aller tout.

MARILLE.

De moment en moment
Elle en prend, mais c'eſt bien contre ſon ſentiment.
Ces Lavemens ſont faits d'une Poudre étonnante,
Qui luy fait rendre tout.

BADZIN.

Elle eſt fort violente.
Entre-t-il pas dedans du Salpeſtre & du Plom?

MARILLE.

Je ne ſçay. L'on diroit de la Poudre à Canon.

BADZIN.

C'eſt cela. Ce mal la prit avec violence.

MARILLE.

C'eſt un air empeſté, qui vient (dit-on) de France.

GOULEMER.

Ce n'eſtoit que fumée & que feu tout le jour,
Nous ne nous viſmes point non plusque dans un Four.

A ij

LA COMTESSE MALADE,

Sur Mer il faut chômer la Fefte toute entiere,
On ne trouue point là de Porte de derriere.
Quand cent coups de Canon vous fracaffentvosMats,
Qu'il a mis fur le Pont des trente Hommes à bas,
Et fans ceffe bou-bouë, & des coups effroyables
Qui jettent voftre Mats à tous les mille Diables,
Ou que quelque Brulot s'accroche à voftre Bord,
C'eft là qu'il faut périr. La frayeur prend d'abord,
Le Brulot fait effet, le feu prend à la Poudre,
Et tout d'un coup boudouë, ah c'eft le coup de foudre;
Les Brulots, les Canons, les Hommes, les Vaiffeaux,
Palcorbleu vous fautez tous comme des Crapaux.

MARILLE.

On dit bien, quand on vit la Comette pareftre,
Que les François un jour nous feroient du bilfeftre.

GOULEMER.

Ils font mordienne tous des vrais Frape-d'abord,

BADZIN.

Chacun perdit-il bien des Hommes dans fon Bord?

COULEMER.

J'en vis tuer quarante au noftre.

MARILLE.

La mifere!
Eftiez-vous-là?

GOULEMER.

Nenny, c'eſtoit mon petit Frere.
Noſtre Bord reçeut deux, trois cens coups de Canon,
Ou n'en reçeut pas-un. Ah c'eſtoit tout de bon,
Jamais Vaiſſeau ne peut le réchaper plus belle;
Je crû qu'ils en vouloient faire de la Canelle.
Il ſemble à ces Gens-là qui n'ont jamais rien vû,
Que chacun ſoit comme eux. A vous?

FRELINGUE.

C'eſt aſſez bû.

MARILLE.

Peut-on voir tant de Gens tuez ſur un Navire?
Je frémy ſeulement de l'avoir oüy dire.
Où les enterre-t-on ces Morts cependant?

GOULEMER.

Enterrez? Dans la Mer.

BADZIN.

Le Cimetiere eſt grand;
Madame Holande eſtoit & graſſe, & potelée.

MARILLE.

Elle en a pour ſa graiſſe, elle s'en eſt allée.

BADZIN.

Mais maigrir tout d'un coup!

MARILLE.

Il n'est rien de pareil,
Elle a fondu d'abord comme Beurre au Soleil.
Elle est toûjours debout.

FRELINGUE.

Debout? Doit on permettre....

MARILLE.

A peine trouve-t-elle une place à se mettre;
Son mal la prend par tout.

BADZIN.

Qu'on change en peu de temps!
Elle n'est plus d'humeur à brocarder les Gens.

MARILLE.

Oüy, c'estoit sa coustume, elle la paye bonne.

BADZIN.

C'est qu'il ne faut jamais se railler de Personne,
Les Gens ne disent rien, quand on les a piquez;
Mais aprés, cóme on voit, les moqueurs sont moquez.

MARILLE.

Fuſſe Noſtradamus, auroit-il pû comprendre,
Que des maux ſi fâcheux dûſſent jamais la prendre,
Dans le meilleur état qu'elle ait jamais eſté?

BADZIN.

On ne pouvoit pas eſtre en meilleure ſanté.

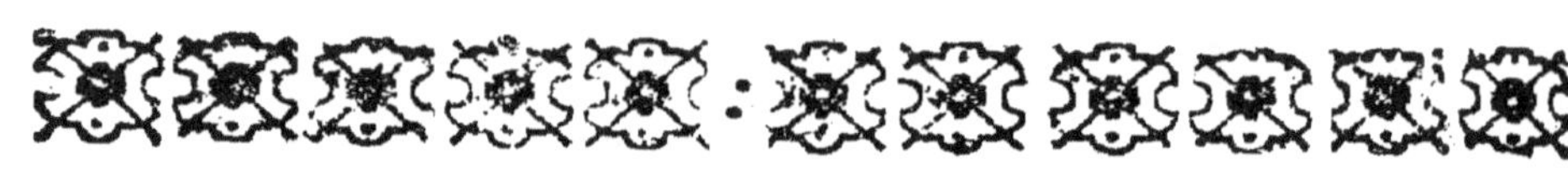

SCENE II.

PACOLE, BADZIN, MARILLE,
L'HOSTE, GOULEMER,
FRELINGUE.

PACOLE.

MArille, venez donc? Viste, l'on vous demande.

MARILLE.

Qui presse donc si fort?

PACOLE.

Hé Madame Holande,

MARILLE.

Est-ce qu'elle est plus mal?

PACOLE.

Eh non pas autrement,
Mais elle ne sent pas son mal assurément.

MARILLE.

Ecoute-donc, vیença, qu'en penses-tu, Pacole?

COMEDIE.

PACOLE.

Je penſe que ſon mal la fait devenir folle.

MARILLE.

Eſt ce que tu l'as-veuë en quelque égarement?

PACOLE.

Vrayment oüy, mais cela n'a duré qu'un moment.
Ah ſa pauvre cervelle eſtoit bien dévoyée!
Elle s'eſt miſe à rire à gorge déployée;
Puis elle a fait un ſaut qui nous a tous ſurpris.
Nous l'avons veuë aprés reprendre ſes eſprits.
Beline en vient d'avoir une frayeur extréme.

MARILLE.

Ce mal ne l'avoit point encor priſe de meſme.
Mais Beline eſt donc là qui ne la quitte pas?

PACOLE.

Oüy; Mais venez-vous-en.

MARILLE *emmene Frelingue.*

Je marche ſur tes pas.

BADZIN.

Cà.

L'HOSTE *à Badzin qui rentre.*

Payez là-dedans. Helas! que c'eſt dommage!

GOULEMER.

Qu'avons-nous?

L'HOSTE.

Vous avez pour dix sols de Fromage,
Quatorze sols en Biere, & pour deux sols de Pain;
J'oubliois pour chacun sept sols de Bran-de-Vin,
Ce sont quarante sols tous justes de dépense.

GOULEMER.

Oüy? Recontez un peu; Vous vous trompez, je pense.

L'HOSTE.

Vous avez pour chacun sept sols de Bran-de-Vin,
Nous ne comptons je croy que pour deux sols de Pain,
Quatorze sols en Biere, & dix sols de Fromage;
Pour avoir recompté, quarante sols.

GOULEMER.

Courage.

L'HOSTE.

Cela fait quatre francs.

GOULEMER.

Estes-vous hebesté?
Comment? Quarante sols pour avoir recompté!

L'HOSTE,

GOULEMER.

Je les payerois?

L'HOSTE.

Qui donc? Belle demande!
Ignorez-vous encor la mode de Holande?

GOULEMER.

Oüy, ma foy, je l'ignore.

L'HOSTE.

Oh soyez-en instruit:
Adjouſtons à cela quatre francs pour le bruit.

GOULEMER.

Pour le bruit quatre francs!

L'HOSTE.

J'oubliois pour le Beurre
Vingt ſols. Ce ſont neuf francs qu'il me faut tout-à-
                                        (l'heure.
GOULEMER.

Quatre francs pour le bruit!

L'HOSTE.

Estes-vous Holandois?

GOULEMER.

Oüy : Mais vous me prenez je croy pour un François?

L'HOSTE.

Voulez-vous pas payer?

GOULEMER.

Je ne veux pas debattre:
Mais quatre francs c'est trop.

L'HOSTE.

Je n'en puis rien rabattre.
Avec vos bou-bouë, hé qu'est-ce que cela?
Un François eut payé vingt francs de ce bruit-là:
Et plaignez-vous encor? Vous sçavez qu'en Holande
Il faut sans contester payer ce qu'on demande,
Et que jamais aussi nous n'avons le defaut
De compter cóme en France, un sol plus qu'il ne faut.

GOULEMER.

Je le sçay bien. Pourtant je doute fort qu'en France
Un François trouvast là pour neuf francs de dépense.

L'HOSTE.

Enfin les François font à leur mode delà,
Et la noſtre eſt ainſy. Neuf francs donc?

GOULEMER.

Les voila.

L'HOSTE.

Allons. Si cecy dure, il faut fermer Boutique.

GOULEMER.

Pourquoy?

L'HOSTE.

Depuis deux mois je n'ay plus de pratique,
Le grand mal de Madame attriſte mes Chalans.

GOULEMER.

Et voſtre marchandiſe aigrit en peu de temps,
Elle veut du debit.

L'HOSTE.

Diable oüy. J'appréhende,
J'entens d'icy les cris de Madame Holande.

Ils rentrent, & le Theatre ſe change en
la Chambre de Madame Holande.

B

SCENE III.

LA HOLANDE, BELINE, MARILLE.

LA HOLANDE *menée par deſſous les bras,*
& miſe dans une Chaiſe.

AH, Beline, mon mal pénetre juſqu'aux os.

BELINE.

Si vous pouviez un peu demeurer en repos....

LA HOLANDE.

Demeurer en repos! Le puis-je, miſérable,
Lors que j'ay des Voiſins qui font un bruit de Diable!

BELINE.

Vos forces ſont encor grandes.

LA HOLANDE.

Je le ſçay bien;
Mais ces forces pourtant ne me ſervent de rien.]

BELINE.

En ces sortes de maux, les forces sont utiles.

LA HOLANDE.

Elles agissent peu, les membres sont debiles;
Et je puis bien helas! dire avecque douleur,
Que j'ay des forces, mais que je manque de cœur.

BELINE.

Vous sautiez bien tantost.

LA HOLANDE.

     Ha que l'on me soûtienne;
Je sauteray bien mieux avant que l'Hyver vienne.
N'a-t-on rien qui me pût fortifier le cœur?

MARILLE.

Oüy, Madame, il vous faut prendre quelque liqueur.

LA HOLANDE.

Un peu de Vin d'Espagne, il m'est bon.

BELINE.

       Ce Breuvage
Est le seul qui vous peut donner quelque courage.

LA HOLANDE.

Oüy, s'il n'eſt point aigry, ny gaſté, j'en boiray,
Il me fortifiëra je croy, j'en uſeray.
Ah, ah, ce Vin d'Eſpagne, attend-on que je meure?

MARILLE.

On vous le va querir, Madame, tout-à-l'heure.

LA HOLANDE.

Quand mon mal cõmença, j'en prenois tous les jours,
Il n'a pû cependant en arreſter le cours.

BELINE.

Mais le Tonnerre icy s'eſt toûjours fait entendre,
Il peut eſtre tourné.

LA HOLANDE.

              Je n'en pourrois pas prendre.

MARILLE.

Hé bien, s'il eſt gaſté, prenez-le par enbas.

LA HOLANDE.

Qu'entens-tu par enbas?

MARILLE.

Oüy.

LA HOLANDE.

Je ne t'entens pas.

Eſt-ce ce Vin d'Eſpagne?

MARILLE.

Oüy, prenez-le en Cliſtere.

LA HOLANDE.

Hé bien, fais-le porter chez mon Apoticaire,
Qu'il l'apporte au plutoſt: Mais, Marille, il faut bien
Qu'il me preſte un Canon, car j'ay perdu le mien.
Qu'il eſtoit doux, Marille, & que j'en crains un autre!

MARILLE.

Jamais Canon ne fit moins de mal que le voſtre.

Marille rentre.

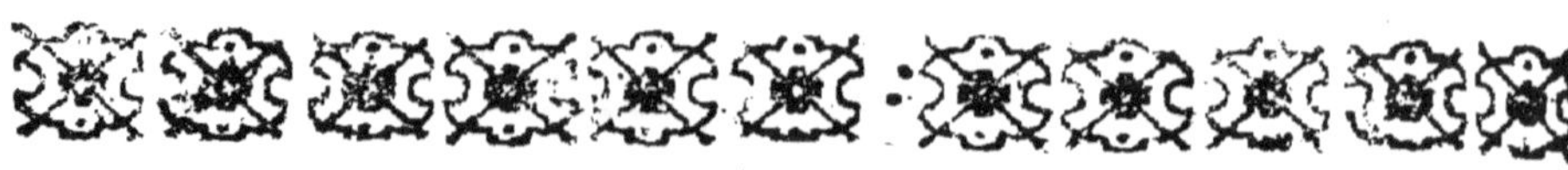

SCENE IV.

PACOLE, LA HOLANDE, BELINE.

PACOLE.

MAdame, Flâdre est là, qu'on n'entêd presque pas,
Avec son baragoüin, vous demande là-bas.

LA HOLANDE.

La persécution est grande. Hé bien, qu'elle entre.
Ha le ventre, le ventre. Ah ventre, ventre, ventre.

SCENE V.

LA FLAMANDE, LA HOLANDE, BELINE.

LA FLAMANDE.

I El y viens point vous voir pour ly fer vous jurer,
Mon Dame; je ly viens pour ly vous aſſurer....

LA HOLANDE.

Hé je ne jure point ; c'eſt qu'avec des tenailles
Des Démons, que je croy, m'arrachent les entrailles.

LA FLAMANDE.

Quoye donc, c'eſt ſtimal, mon Dam, qui vous l'avez?
Gel vous croye abil fort, ſi vous vous l'en ſauvez.

LA HOLANDE.

Ha je m'en doute bien.

LA FLAMANDE.

On le peut vous bien pleindre,
Et je le croye bien fort que vous ly devez craindre.

Je l'ay bien eu ſté mal, c'eſt ly plus grand dy tous.
Gy ly fus pourtant pas malad ſi tant que vous.

LA HOLANDE.

Quand vous prit-il ce mal?

LA FLAMANDE.

Gy m'en l'eſtois moquée:
Dans l'an ſoiſſanty-ſep gy l'en fus attaquée.

LA HOLANDE.

Je m'en moquois de meſme, & ne le croyois pas;
Je l'aurois défié, mais il m'a miſe à bas.

BELINE.

Et ſi bas, que chacun doute qu'elle en releve.

LA HOLANDE.

C'eſt un mal empeſté dont tout mon monde creve.

LA FLAMANDE.

Il eſt michant ſti mal, jel ſave bien mon foy,
Il m'emporte d'un coup quatre l'Enfans dy moy.

LA HOLANDE.

J'attens des Medecins de grande expérience,
Qui me ſoulageront.

BELINE.

Qui la tuëront, je penſe;
Ils ſont tous Etrangers. L'Eſpagnol & l'Anglois,
Et l'Allemand encor, bref juſques au François,
Quelques-uns de ceux-là la tuëront, je m'aſſure.

LA FLAMANDE.

Deſté Conſulty-là g il tir point bon laugure;
Gil trouve grand voſtry mal, gel voye qu'il vous a mis
Dans l'eſprit de ly voir trétous vos l'Ennemis.
Mon Dam, ſongez-ly bien à tous vos grands affaires;
Les Medicins dyhors, qu'il entre lis Notaires;
Le ſervelle ly tourn, ly tourn ly jugement,
Et l'on pouve jamais ly fair dy Teſtament.

LA HOLANDE.

Madame, s'il vous plaiſt, finiſſez voſtre Proſne.

LA FLAMANDE.

Deſti mal-là mon face il devient blanc tout jaune:
Et comme voſtry mal qu'il eſt contagieux,
Gil veux point que mes yeux il y voye vos yeux:
Toute ces Medicins ly ſont Bourreaux, mon Dame,
Il vont fair mourir vous, Dieu prenne vous voſtre ame,

LA HOLANDE.

L'impertinente Maſque! Ah que j'en ay ſouffert!
Pour me deſeſperer, elle eſtoit de concert:

La petite Guenon, ayec son flux de bouche
De Flamand Francisé, diroit-on qu'elle y touche?
Ah, ah, le maudit mal! Ah je me sens fort bas.
Eh tous ces Medecins?

SCENE VII.

MARILLE, PACOLE, LA HOLANDE, BELINE.

MARILLE.

ILs arrivent là-bas.

PACOLE.

Deux Bourguemeſtres-là....

LA HOLANDE.

Qu'ils aillent tous aux Diables;
Je ne puis plus ſouffrir ces Monſtres effroyables.

SCENE VII.

DEUX BOURGUEMESTRES, LA HOLANDE, BELINE.

1. BOURGUEMESTRE.

HE', Madame, tout-beau.

LA HOLANDE.

     Vos conseils odieux
N'ont-ils pas attiré tout le mal dans ces lieux?
Si vos esprits grossiers eussent préveu ces choses,
Tout cela n'eut esté peut-estre que des roses,
Je serois en repos, & ce mauvais air-cy
Ne seroit pas venu m'étouffer jusqu'icy,
Et me tirer enfin les entrailles du ventre.

2. BOURGUEMESTRE.

Pouvons-nous empescher, Madame, que l'air n'entre!
Un air subtil encor comme l'est celuy-là.
Nous n'avons point d'emplastre à mettre à tout cela,
Et ces affaires-cy sont bien embarassantes.
Vous nous dites encor des paroles piquantes;
Vous pourriez bien pour nous avoir plus de bonté,
Et faire moins d'outrage à nostre Dignité.

LA HOLANDE.

Eh que ces Medecins viennent en diligence?

1. BOURGUEMESTRE.

[penſe,
Mais noſtre mal, Madame, eſt plus grand qu'on ne
Puis qu'il n'eſt que trop vray que le Sort nous a mis
Au point de recourir à tous nos Ennemis.
Mais qui nous force à faire une telle béveuë?
Devons-nous endurer, Madame, qu'on vous tuë?
Pretendez-vous avoir des conſolations,
En mandant des Bourreaux de toutes Nations?
S'ils peuvent approcher un jour voſtre Perſonne,
En eſt-il quelqu'un d'eux qui ne vous empoiſonne?
Qui n'avance vos jours, & ne ſoit envieux
De ce que vous avez rarement beſoin d'eux?
De voir voſtre ſanté d'une telle durée,
Que tout l'air infecté ne l'a point alterée?
Qu'eux-meſmes affligez, ils ont cent fois dit tous,
Que la Santé n'eſtoit au Monde que pour vous?

2. BOURGUEMESTRE.

Plus voſtre mal eſt grand, plus leur ame eſt ravie:
Prenons un autre biais pour vous ſauver la vie;
Mais prenons-le chez nous, & que vos Aſſaſſins
S'en retournent chez eux faire les Medecins.

LA HOLANDE.

Que vous me fatiguez d'inutiles harangues!
Hé laiſſez en repos vos ignorantes langues.

C

SCENE VIII.

PACOLE, MEDECIN FRANCOIS,
MEDECIN ANGLOIS, LES BOUR-
GUEMESTRES, LA HOLANDE,
BELINE,

PACOLE.

LE Medecin François, & l'Anglois, sont icy.

LA HOLANDE.

Voila déja l'Anglois.

BELINE.

Le François?

PACOLE.

Le voicy.

LA HOLANDE.

Ha! ha!

LE FRANCOIS.

Qu'avez-vous donc?

L'ANGLOIS.

Vos transports sont extrémés.

LA HOLANDE.

Hé qui le peut ſçavoir, Meſſieurs, mieux que vous-
meſmes?

1. BOURGUEMESTRE.

Pouvons-nous bien ſouffrir ces Nations chez nous?

2. BOURGUEMESTRE.

S'ils nous pouvoient crever....

L'ANGLOIS.

Taiſez-vous?

LE FRANCOIS.

Taiſez-vous?

1. BOURGUEMESTRE.

Nous parler de la ſorte! Apprenez à connaiſtre
Un Bourguemeſtre icy? Sçachez qu'il eſt le Maiſtre,
Qu'il a le plein pouvoir, & que l'eſtans tous deux,
Vous ne ſçauriez avoir trop de reſpect pour eux?
Qu'ils vous renverſeroient de leur vent, de leur ſouffle?
Voyez, Madame, & puis....

LE FRANCOIS.

Taiſez-vous, gros Maroufle?

1. BOURGUEMESTRE.

Une telle infolence excite mon courroux.
Vous m'appellez Maroufle, Infolent?

LE FRANCOIS *luy donnant un fouflet.*

Taifez-vous?

2. BOURGUEMESTRE.

Un fouflet devant moy! devant Madame Holande!
Madame, peut-on voir hardieffe plus grande?
Icy le plus hupé tremble en parlant à nous;
Hé....

L'ANGLOIS.

Taifez-vous, gros Afne?

2. BOURGUEMESTRE.

Infolent!

L'ANGLOIS *luy donnant un fouflet.*

Taifez-vous?

*Les deux Bourguemeftres fortent en faluant Madame
Holande triftement, la main fur leur jouë.*

LA HOLANDE.

Vous en ufez ainfi, Meffieurs? Je vous le cede.

L'ANGLOIS.

Selon le mal, il faut appliquer le remede.

LA HOLANDE.

Mais sans Apoticaire, & sans Chirurgien,
Vous le faites vous-mesme, & vous l'appliquez bien.

LE FRANCOIS.

Il faut à certains maux des remedes extrémes.

LA HOLANDE.

Ceux que vous me ferez, Messieurs, sôt-ce les mesmes?

LE FRANCOIS.

Hé nous venons icy, Madame, exprés pour vous,
Et nous vous apportons des remedes plus doux.
Tout ce qui maintenant pourra vous satisfaire,
Ou nous vous le ferons, ou vous le ferons faire.

LA HOLANDE.
Hé dépeschez.
LE FRANCOIS.

       Avant que de rien ordonner,
Mon avis est, qu'il faut la faire promener.

L'ANGLOIS.

Madame, levez-vous? Mon avis est le vostre.

LA HOLANDE.

Je ne crois pas pouvoir mettre un pied devant l'autre,
Viſte, viſte, ma Chaiſe. Ah que j'ay mal au cœur!

LE FRANCOIS.

Voicy le Medecin Eſpagnol. Serviteur.   *Diſant ce
dernier mot, il tire la Chaiſe de
Madame Holande, qui tombe.*

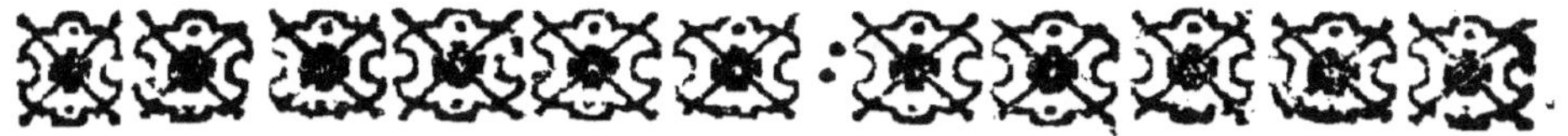

SCENE IX.

LA HOLANDE, LE M. ESPAGNOL, LE M. FRANCOIS, LE M. ANGLOIS.

*L'ESPAGNOL la releve, & elle se laisse
encor tomber en devant.*

MOnsieur, Madame Holande est je pense tombée.

BELINE.

*Les Medecins la relevent encor, & la
remettent dans sa Chaise, & lors
ce demy-Vers se dit.*

Monsieur, relevez-la. Je croy qu'elle est pâmée.

L'ESPAGNOL.

Hé je luy vay donner de mon *Catholicum*,
Il est miraculeux.

LE FRANCOIS.

Elle revient.

L'ESPAGNOL.
Bon, bon.

BELINE.

Estes-vous mieux, Madame?

L'ANGLOIS.

Hé la voila remise.

L'ESPAGNOL.

De mon *Catholicum* avalez cette prise.

BELINE.

Helas! elle se meurt, Monsieur, c'est du poison.

LE FRANCOIS.

Elle est fort mal, Monsieur.

L'ESPAGNOL.

Quoy? mon *Catholicum*
Donne la vie.

MARILLE.

Helas! il a fait le contraire.

L'ESPAGNOL.

Mais comment diable encor cela se peut-il faire?
Voila depuis deux ans que j'en donne à la Cour,
Pour la troisiéme fois qu'il m'a joüé ce tour.

Mais son poûls est fort bon.

Il tient le bras de Beline, croyant
tenir celuy de la Malade.

BELINE.

C'est mon bras, elle est morte.

L'ESPAGNOL.

Je le croyois le sien, ou le Diable m'emporte.
Je m'étonnois aussi qu'elle eust le pouls si bon.

BELINE.

Vous me serriez le bras d'une étrange façon!

L'ESPAGNOL.

Elle revient.

LA HOLANDE.

Messieurs!

LE FRANCOIS.

Les plus nobles parties
N'agissent presque plus, n'ont plus ces simpaties,
Ny cette égalité dedans leurs fonctions,
Et cela cause en vous ces agitations.
Tous nos Membres estant de Provinces Unies,
Mais qui ne l'estans plus, toutes ces harmonies
Ne font plus qu'un Cahos : Enfin tout est péry;
D'un Concert que c'estoit, c'est un Charivary;
Les esprits y manquans, la gangrene succede;
Il faut pour lors courir au périlleux remede,

Il faut, dis-je, extirper, & joüer des couteaux.
Ainsi ce Corps formé par des Membres si beaux,
Qui sembloit défier la mauvaise influence,
Tout d'un coup est détruit, & tombe en décadence,
Pour n'avoir point usé de ces précautions
Qui préviennent le mal par des purgations.

LA HOLANDE.

Un autre Medecin qui se croit grand Génie,
Pour montrer ce qu'il sçait, m'attend à l'agonie.
C'est un Allemand.

L'ANGLOIS.

       Oüy, n'ayez aucun soucy,
Ce sera fait de vous, avant qu'il soit icy;
Il a la goute.

LA HOLANDE.

Luy?

L'ANGLOIS.

       Pour le moins je m'en doute,
A voir comme il en use, il faut qu'il ait la goute;
Et quand il faut guerir un mal si violent,
C'est un foible secours, qu'un remede si lent.
Le voicy.

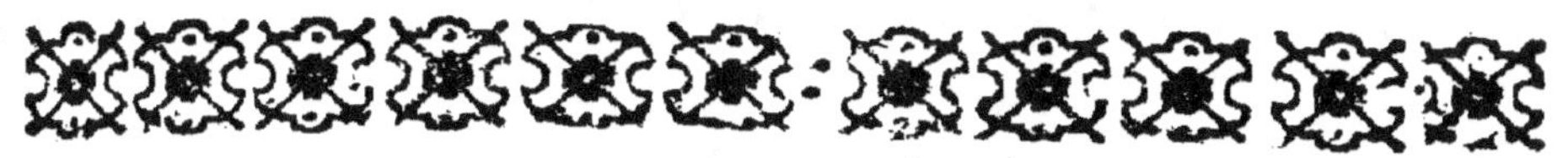

SCENE DERNIERE.

LA HOLANDE, LE M. ALLEMAND, LE M. FRANCOIS, LE M. ANGLOIS, LE M. ESPAGNOL, BELINE.

L'ALLEMAND *fourré par tout, venant fort lentement.*

I'Ay la goute; Aux pieds, ne vous déplaife.

L'ESPAGNOL.

Elle mourra devant qu'il puiffe eftre à fa Chaife.
L'un aprés l'autre enfin voyons donc ce qu'elle a,
Et tâchons, s'il fe peut, à la tirer de là.

LE FRANCOIS.

Voyons la langue un peu.

LA HOLANDE.

Ma mort eft affurée.

LE FRANCOIS.

Ah la méchante langue! elle eft toute ulcerée;

Le plus fort gargarifme eft inutile là;
Nous n'avons que le feu pour deffecher cela.

L'ALLEMAND.

Le pouls intermitant, Un fort mauvais augure;
Elle ne la fera pas longue, je m'affure.

BELINE.

Peut-elle encor durer quelque temps?

L'ALLEMAND.

       Eh pas trop.
On voit bien que ce mal l'emmeine au grand galop;
Il eft fort violent, la Nature eft peu forte,
Et je ne doute point du tout qu'il ne l'emporte.
Oüy, le mal eft trop grand, pour la pouvoir guerir;
Je m'en vay, ne pouvant icy la fecourir. *Il rentre.*

L'ESPAGNOL.

Mais je ne la voy point encor defefperée;
Son mal ne marque point une mort affurée.

LA HOLANDE.

Mon efpoir eft en vous, ne m'abandonnez pas.

L'ESPAGNOL.

Je ne vous quitte point jufqu'à voftre trépas;
Je l'ay promis, Madame, & je tiendray parole.

LA HOLANDE.

Hé c'est dans mon malheur tout ce qui me console.

L'ESPAGNOL.

Voftre mal toutefois, Madame, a pris un cours,
Qu'on ne peut arrefter qu'avec un grand fecours;
Et mefme il n'eft pas feûr, quelque grand qu'il puiffe
Qu'il le pût eftre affez pour en eftre le maiftre : [eftre,
Mais je vous veux fervir fans inte reft ainfi
Je ne prétens de vous qu'un fimple grand-mercy.

LA HOLANDE.

Que pourrois-je donner? Je fuis dans l'impuiffance.
Chacun fçait qu'autrefois j'eftois dans l'opulence:
Qu'une Perfonne alors fut pauvre à n'avoir rien,
Qu'elle euft avidité de fe voir quelque bien,
Helas! elle n'avoit, pour eftre fatisfaite,
Que s'en venir chez moy, fa fortune eftoit faite.

LE FRANCOIS.

Vous n'avez point ufé de régime du tout,
Madame; Voftre mal nous pouffe tous à bout;
Voftre Clou, voftre Poivre, & vos Epiceries,
N'adjouftent rien de bon à vos intempéries;
Vos Fromages encor irritent ce mal là,
Et vous ne vous pouviez paffer de tout cela.

LA HOLANDE.

Je penfe que les Eaux me feroient falutaires.

D

L'ESPAGNOL.

Les Minerales? Point, elles vous font conttaires.

LA HOLANDE.

J'entens parler des Eaux de ce Païs.

L'ESPAGNOL.

Ah bon.
Oüy, les Eaux du Païs feroient fort de faifon;
En grande quantité fans doute elles confervent,
Et nuifent autrement bien plus qu'elles ne fervent.
Mais le Soleil icy brûle & deffeche tout,
Où les prendre? Il n'eft rien dont il ne vienne à bout;
Et cet Aftre brûlant qui vous eft fi contraire,
Donne un peu trop à plom deffus voftre hemifphere.

L'ANGLOIS.

Examinons un peu tout ce bas ventre-cy.
Panchez-vous fur le dos? Vous eftes bien ainfy.
Que de malignité là-dedans eft enclofe!
Il eft aifé de voir & le mal & la caufe:
Mais que ferons-nous là, Meffieurs? Vous voyez bien
Par ce qui vous paroift, que le tout n'en vaut rien;
Que ce bas ventre eft plein de chofes étrangeres,
Qui n'ont déja que trop enflâmé les vifceres.
A ces fortes de maux, le remede effectif,
Eft de luy faire prendre un fort grand Vomitif.

LA HOLANDE.

Un Vomitif, Monfieur! Je ne puis plus rien prendre.

L'ANGLOIS.

C'eſt l'unique remede: Il faut crever, ou rendre,
Madame; & prenant tout ce qu'on vous donnera,
Je ne ſçay meſme encor ſi l'on vous ſauvera.
Le mauvais vent qui vient du coſté de la Terre,
Livre à voſtre ſanté cette mortelle guerre;
Et celuy de la Mer qui vous fut excellent,
N'eſt aujourd'huy pour vous qu'un mal tres-peſtilent.
Ainſi je ſuis certain, ſi ce mal ne vous tuë,
Que la Mer vous doit eſtre à jamais défenduë,
Et le Poiſſon ſur tout; c'eſt pour vous un poiſon,
Gardez-vous d'en manger en aucune ſaiſon.
Voſtre Peſche aux Harans encor, quoy qu'on en die,
Cauſe une bonne part de voſtre maladie.
Il faut luy provoquer un grand vomiſſement.

LE FRANCOIS.

Et luy tirer du ſang, mais copieuſement.

LA HOLANDE.

Quoy, me tirer du ſang encor? Quelle Ordonnance!
Je n'attendois pas moins d'un Medecin de France.
Je me ſens affoiblie, & ne puis faire un pas;
On m'en a tant tiré, que l'on m'a miſe à bas.
Medecin dangereux!

L'ANGLOIS.

           La langue de Vipere!
Toute preſte à mourir, elle ne ſe peut taire;
Des injures toûjours, elle n'a point ceſſé.

LE FRANCOIS.

C'eſt qu'elle veut finir comme elle a commencé.

LA HOLANDE.

Le chagrin me devore. Helas! que faut-il faire?

L'ANGLOIS.

Voſtre mal n'eſtant pas un mal fort ordinaire,
Il vous faut un remede auſſi hors du commun.

LA HOLANDE.

Il n'en eſt point pour moy.

LE FRANCOIS.

        Bon : Nous en avons un
Qui contre voſtre mal eſt ſouverain, Madame.
Vous avez, dites vous, quelque chagrin dans l'ame?
Vous eſtes triſte?

LA HOLANDE.

        Helas! plus qu'on ne peut penſer.

LE FRANCOIS.

Monſieur l'Anglois & moy nous vous ferons dancer.

LA HOLANDE.

Dancer!

—

L'ANGLOIS.

C'eſt le remede à voſtre maladie:
La joye eſt l'antidote à la mélancolie.

LA HOLANDE.

Que mes Violons donc viennent dans le Sallon.

LE FRANCOIS.

Hé nous vous ferons bien dancer ſans Violon.

LA HOLANDE.

Vous vous moquez.

L'ANGLOIS.

Point, point. Eſtes-vous la premiere
Que Monſieur le François traitte de la maniere?

LA HOLANDE.

Un petit Violon, Meſſieurs, j'en ay de bons.

LE FRANCOIS.

Oüy, vous avez chez vous de plaiſans Violons?

LA HOLANDE.

Je ne ſçaurois dancer, ma foibleſſe eſt trop grande.

LE FRANCOIS.

Vous dancerez pourtant, Madame la Holande;
C'eſt l'unique moyen de vous guérir.

LA HOLANDE.

Hé bien,
Puis que vous le voulez, éprouvons ce moyen;
Mon cœur pour ce remede a de la répugnance,
Et c'eſt, à dire vray, malgré moy que je dance.

LE FRANCOIS.

Là, vous voila fort bien, il vous obſervera.

L'ANGLOIS.

Et quand vous broncherez, il vous relevera.

Joüez.
LE FRANCOIS.

LA HOLANDE.

Les bons appuis pour la pauvre Holande!

LE FRANCOIS.

Hé joüez dõc, Meſſieurs, puis qu'on vous le cõmande?

LA HOLANDE *aprés avoir dancé avecque les Medecins.*

Ha mes membres ſont morts.

LE FRANCOIS.

Les sentez-vous pas tous?

LA HOLANDE.

Je ne les sens non plus que s'ils estoient à vous.
Messieurs, je n'en puis plus, soûtenez-moy; La teste!
Je ne me suis jamais trouvée à telle feste:
Avant que de dancer, Messieurs, je chancelois;
Cependant j'ay dancé plus que je ne voulois.
Ma langue s'épaissit. *Elle dit cette moitié de Vers*
béguayant.

LE FRANCOIS.

Voila l'Esquinancie.

L'ANGLOIS.

L'Art de la Medecine, & de la Pharmacie,
Ne la peuvent sauver.

LE FRANCOIS.

Le mal augmentera.

L'ESPAGNOL.

Pour moy, je ne sçay pas ce que l'on en fera.

L'ANGLOIS.

Ma foy, ny moy non plus.

L'ESPAGNOL.

Ses maux sont déplorables.

LE FRANCOIS.

Que l'on la fasse donc porter aux Incurables.
Messieurs, séparons-nous.

MARILLE.

Helas! quel creve-cœur!

LE FRANCOIS *à l'Espagnol.*

Serviteur.

L'ANGLOIS *à l'Espagnol.*

Serviteur.

L'ESPAGNOL *au Medecin Anglois; & le dernier Serviteur au Peuple.*

Serviteur. Serviteur.

FIN.